les grands-parents

Titre original de l'ouvrage: ''los abuelos''
© José M.ª Parramón Vilasaló

© Bordas. Paris. 1985 pour la traduction française
I.S.B.N. 2-04-016239-9
Dépôt légal: juin 1985

Imprimé en Espagne par
Graficromo, S.A. Pol. Ind. ''Las Quemadas''
14014-Córdoba (Espagne), en mai 1985
Dépôt légal: CO-804 -1985
Numero d'Editeur: 785

la bibliothèque des tout-petits

María Rius
Josep Mª Parramón

les grands-~parents

Bordas

Comme toi, ils sont nés un jour et ils ont grandi.

... mais à une autre époque, il y a très longtemps,

et à des endroits différents.

Ils ont été jeunes... ils se sont connus,
ils se sont fiancés, et....

Ils se son

mariés!

Et ils sont devenus des parents!

Mais ils habitaient encore des endroits différents.

C'étaient deux familles.

Jusqu'au jour où leurs enfants se

... sont rencontrés et ...

ils se sont mariés.

Et tu es né!

Depuis tu es devenu quelqu'un de très important pour eux.

Ils aiment se promener avec toi, parler avec toi,

te raconter des histoires.

Ce sont les parents de tes parents!

Ce sont tes grands-parents!

la bibliothèque des tout-petits

Dans la même collection:

les quatre saisons

les quatre éléments

Carme Solé Vendrell
Josep Mª Parramón

la terre

Bordas

María Rius
Josep Mª Parramón

le feu

Bordas

María Rius
Josep Mª Parramón

l'air

Bordas

Carme Solé Vendrell
Josep Mª Parramón

l'eau

Bordas

les cinq sens

María Rius
J.M. Parramón. J.J. Puig

la vue

Bordas

María Rius
J.M. Parramón. J.J. Puig

l'ouïe

Bordas

María Rius
J.M. Parramón. J.J. Puig

l'odorat

Bordas

María Rius
J.M. Parramón. J.J. Puig

le toucher

Bordas

María Rius
J.M. Parramón. J.J. Puig

le goût

Bordas